NH농협중앙회 / 은행

신규직원 채용대비

기출동형 모의고사

제 1 회	영 역	직무능력평가+직무상식평가
	문항수	80문항
	시 간	95분
	비 고	객관식 5지선다형

SEOWONGAK
(주)서원각

제1회 기출동형 모의고사

📝 문항수 : 80문항
⏰ 시 간 : 95분

01 직무능력평가

1. 다음의 밑줄 친 단어의 의미와 동일하게 쓰인 것은?

기획재정부는 26일 OO센터에서 '2017년 지방재정협의회'를 열고 내년도 예산안 편성 방향과 지역 현안 사업을 논의했다. 이 자리에는 17개 광역자치단체 부단체장과 기재부 예산실장 등 500여 명이 참석해 2018년 예산안 편성 방향과 약 530건의 지역 현안 사업에 대한 협의를 진행했다.

기재부 예산실장은 "내년에 정부는 일자리 창출, 4차 산업혁명 대응, 저출산 극복, 양극화 완화 등 4대 핵심 분야에 예산을 집중적으로 투자할 계획이라며 이를 위해 신규 사업 관리 강화 등 10대 재정 운용 전략을 활용, 재정 투자의 효율성을 높여갈 것"이라고 밝혔다. 이어 각 지방자치단체에서도 정부의 예산 편성 방향에 부합하도록 사업을 신청해 달라고 요청했다.

기재부는 이날 논의한 지역 현안 사업이 각 부처의 검토를 <u>거쳐</u> 다음달 26일까지 기재부에 신청되면, 관계 기관의 협의를 거쳐 내년도 예산안에 반영한다.

① 학생들은 초등학교부터 중학교, 고등학교를 <u>거쳐</u> 대학에 입학하게 된다.

② 가장 어려운 문제를 해결했으니 이제 특별히 <u>거칠</u> 문제는 없다.

③ 이번 출장 때는 독일 베를린을 <u>거쳐</u> 오스트리아 빈을 다녀올 예정이다.

④ 오랜만에 뒷산에 올라 보니, 무성하게 자란 칡덩굴이 발에 <u>거친다.</u>

⑤ 기숙사 학생들의 편지는 사감 선생님의 손을 <u>거쳐야</u> 했다.

2. 다음 글의 주제로 가장 적절한 것을 고른 것은?

유럽의 도시들을 여행하다 보면 여기저기서 벼룩시장이 열리는 것을 볼 수 있다. 벼룩시장에서 사람들은 낡고 오래된 물건들을 보면서 추억을 되살린다. 유럽 도시들의 독특한 분위기는 오래된 것을 쉽게 버리지 않는 이런 정신이 반영된 것이다.

영국의 옥스팜(Oxfam)이라는 시민단체는 헌옷을 수선해 파는 전문 상점을 운영해, 그 수익금으로 제3세계를 지원하고 있다. 파리 시민들에게는 유행이 따로 없다. 서로 다른 시절의 옷들을 예술적으로 배합해 자기만의 개성을 연출한다.

땀과 기억이 배어 있는 오래된 물건은 실용적 가치만으로 따질 수 없는 보편적 가치를 지닌다. 선물로 받아서 10년 이상 써 온 손때 묻은 만년필을 잃어버렸을 때 느끼는 상실감은 새 만년필을 산다고 해서 사라지지 않는다. 그것은 그 만년필이 개인의 오랜 추억을 담고 있는 증거물이자 애착의 대상이 되었기 때문이다. 그러기에 실용성과 상관없이 오래된 것은 그 자체로 아름답다.

① 서양인들의 개성은 시대를 넘나드는 예술적 가치관으로부터 표현된다.

② 실용적 가치보다 보편적인 가치를 중요시해야 한다.

③ 만년필은 선물해준 사람과의 아름다운 기억과 오랜 추억이 담긴 물건이다.

④ 오래된 물건은 실용적인 가치보다 더 중요한 가치를 지니고 있다.

⑤ 오래된 물건은 실용적 가치만으로 따질 수 없는 개인의 추억과 같은 보편적 가치를 지니기에 그 자체로 아름답다.

3. 다음 글을 읽고 알 수 있는 매체와 매체 언어의 특성으로 가장 적절한 것은?

> 텔레비전 드라마는 텔레비전과 드라마에 대한 각각의 이해를 전제로 하고 보아야 한다. 즉 텔레비전이라는 매체에 대한 이해와 드라마라는 장르적 이해가 필요하다.
>
> 텔레비전은 다양한 장르, 양식 등이 교차하고 공존한다. 텔레비전에는 다루고 있는 내용이 매우 무거운 시사토론 프로그램부터 매우 가벼운 오락 프로그램까지 섞여서 나열되어 있다. 또한 시청률에 대한 생산자들의 강박관념까지 텔레비전 프로그램 안에 들어있다. 텔레비전 드라마의 경우도 마찬가지로 이러한 강박이 존재한다. 드라마는 광고와 여러 문화 산업에 부가가치를 창출하며 드라마의 장소는 관광지가 되어서 지방의 부가가치를 만들어 내기도 한다. 이 때문에 시청률을 걱정해야 하는 불안정한 텔레비전 드라마 시장의 구조 속에서 상업적 성공을 거두기 위해 텔레비전 드라마는 이미 높은 시청률을 기록한 드라마를 복제하게 되는 것이다. 이것은 드라마 제작자의 수익성과 시장의 불확실성을 통제하기 위한 것으로 구체적으로는 속편이나 아류작의 제작이나 유사한 장르 복제 등으로 나타난다. 이러한 복제는 텔레비전 내부에서만 일어나는 것이 아니라 문화 자본과 관련되는 모든 매체, 즉 인터넷, 영화, 인쇄 매체에서 동시적으로 나타나는 현상이기도 하다.
>
> 이들은 서로 역동적으로 자리바꿈을 하면서 환유적 관계를 형성한다. 이 환유에는 수용자들, 즉 시청자나 매체 소비자들의 욕망이 투사되어 있다. 수용자의 욕망이 매체나 텍스트의 환유적 고리와 만나게 되면 각각의 텍스트는 다른 텍스트나 매체와의 관련 속에서 의미화 작용을 거치게 된다.
>
> 이렇듯 텔레비전 드라마는 시청자의 욕망과 텔레비전 안팎의 다른 프로그램이나 텍스트와 교차하는 지점에서 생산된다. 상업성이 검증된 것의 반복적 생산으로 말미암아 텔레비전 드라마는 거의 모든 내용이 비슷해지는 동일화의 길을 걷게 된다고 볼 수 있다.

① 텔레비전과 같은 매체는 문자 언어를 읽고 쓰는 능력을 반드시 필요로 한다.
② 디지털 매체 시대에 독자는 정보의 수용자이면서 동시에 생산자가 되기도 한다.
③ 텔레비전 드라마 시청자들의 욕구는 매체의 특성을 변화시키는 경우가 많다.
④ 영상 매체에 있는 자료들이 인터넷, 영화 등과 결합하는 것은 사실상 불가능하다.
⑤ 텔레비전 드라마는 독자들의 니즈를 충족시키기 위해 내용의 차별성에 역점을 두고 있다.

4. 다음 글의 빈칸에 들어갈 내용으로 가장 적절한 것은?

> 자본주의 경제체제는 이익을 추구하는 인간의 욕구를 최대한 보장해 주고 있다. 기업 또한 이익 추구라는 목적에서 탄생하여, 생산의 주체로서 자본주의 체제의 핵심적 역할을 수행하고 있다. 곧, 이익은 기업가로 하여금 사업을 시작하게 된 동기가 된다. 이익에는 단기적으로 실현되는 이익과 장기간에 걸쳐 지속적으로 실현되는 이익이 있다. 기업이 장기적으로 존속, 성장하기 위해서는 _____ 실제로 기업은 단기 이익의 극대화가 장기 이익의 극대화와 상충될 때에는 단기 이익을 과감하게 포기하기도 한다.

① 두 마리의 토끼를 다 잡으려는 생각으로 운영해야 한다.
② 당장의 이익보다 기업의 이미지를 생각해야 한다.
③ 단기 이익보다 장기 이익을 추구하는 것이 더 중요하다.
④ 장기 이익보다 단기 이익을 추구하는 것이 더 중요하다.
⑤ 아무도 개척하지 않은 길을 개척할 수 있는 도전정신이 필요하다.

┃5~6┃ 다음은 정부의 세금 부과와 관련된 설명이다. 물음에 답하시오.

> 정부가 어떤 재화에 세금을 부과하면 그 부담을 누가 지는가? 그 재화를 구입하는 구입자인가, 그 재화를 판매하는 공급자인가? 구입자와 공급자가 세금을 나누어 부담한다면 각각의 몫은 어떻게 결정될까? 이러한 질문들을 경제학자들은 조세의 귀착이라 한다. 앞으로 살펴보겠지만 ⊙단순한 수요 공급 모형을 이용하여 조세의 귀착에 관한 놀라운 결론을 도출할 수 있다.
>
> 개당 3달러 하는 아이스크림에 정부가 0.5달러의 세금을 공급자에게 부과하는 경우를 보자. 세금이 구입자에게는 부과되지 않으므로 주어진 가격에서 아이스크림에 대한 수요량은 변화가 없다. 반면 공급자는 세금을 제외하고 실제로 받는 가격은 0.5달러만큼 준 2.5달러로 하락한다. 이에 따라 공급자는 시장가격이 이 금액만큼 하락한 것으로 보고 공급량을 결정할 것이다. 즉, 공급자들이 세금 부과 이전과 동일한 수량의 아이스크림을 공급하도록 하려면 세금 부담을 상쇄할 수 있도록 개당 0.5달러만큼 가격이 높아져야 한다. 따라서 [그림1]에 표시된 것처럼 공급자에게 세금이 부과되면 공급 곡선이 S1에서 S2로 이동한다. 공급 곡선의 이동 결과 새로운 균형이 형성되면서 아이스크림의 균형 가격은 개당 3달러에서 3.3달러로 상승하고, 균형거래량은 100에서 90으로 감소한다. 따라서 구입자가 내는 가격은 3.3달러로 상승하지만 공급자는 세금을 제외하고 실질적으로 받는 가격은 2.8달러가 된다. 세금이 공급자에게 부과되지만 실질적으로 구입자와 공급자가 공동으로 세금을 부담하게 된다.

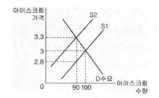

그림1 〈공급자에 대한 과세〉

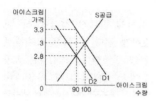

그림2 〈구입자에 대한 과세〉

이번에는 구입자에게 세금이 부과되는 경우를 보자. 구입자에게 세금이 부과되면 아이스크림의 공급 곡선은 이동하지 않는다. 반면에 구입자들은 이제 세금도 납부해야 하므로 각 가격 수준에서 구입자들의 희망 구입량은 줄어들어 수요곡선은 [그림2]처럼 D1에서 D2로 이동한다. 이에 따라 균형거래량은 100에서 90으로 감소한다. 따라서 아이스크림 공급자들이 받는 가격은 개당 3달러에서 2.8달러로 하락하고, 구입자들이 내는 가격은 세금을 포함하여 3.3달러로 상승한다. 형식적으로는 세금이 구입자에게 부과되지만 이 경우에도 구입자와 공급자가 공동으로 세금을 부담하는 것이다.

어떤 재화에 세금이 부과되면 그 재화의 구입자와 공급자들이 세금을 나누어 부담한다고 했는데, 이때 세금 부담의 몫은 어떻게 결정될까? 그것은 수요와 공급 탄력성의 상대적 크기에 달려 있다. 공급이 매우 탄력적이고 수요는 상대적으로 비탄력적인 시장에 세금이 부과되면 공급자가 받는 가격은 큰 폭으로 하락하지 않으므로 공급자의 세금 부담은 작다. 반면에 구입자들이 내는 가격은 큰 폭으로 상승하기 때문에 구입자가 세금을 대부분 부담한다. 거꾸로 공급이 상대적으로 비탄력적이고 수요는 매우 탄력적인 시장인 경우에는 구입자가 내는 가격은 큰 폭으로 상승하지 않지만, 공급자가 받는 가격은 큰 폭으로 하락한다. 따라서 공급자가 세금을 대부분 부담한다. 본질적으로 탄력성이 작다는 것은 구입자가 세금이 부과된 재화를 대체할 다른 재화를 찾기 어렵다는 뜻이고 공급의 탄력성이 작다는 것은 공급자가 세금이 부과된 재화를 대체할 재화를 생산하기 어렵다는 의미다. 재화에 세금이 부과될 때, 대체재를 찾기 어려운 쪽일수록 그 재화의 소비를 포기하기 어려우므로 더 큰 몫의 세금을 부담할 수밖에 없는 것이다.

5. 위 내용을 바탕으로 다음에 대해 분석할 때 적절하지 않은 결론을 도출한 사람은?

> △△국가는 요트와 같은 사치품은 부자들만 살 수 있으므로 이들 품목에 사치세를 부과할 정책을 계획 중이다. 그런데 요트에 대한 수요는 매우 탄력적이다. 부자들은 요트를 사는 대신에 자가용 비행기나 크루즈 여행 등에 그 돈을 쓸 수 있기 때문이다. 반면에 요트 생산자는 다른 재화의 생산 공장으로 쉽게 전환할 수 없기 때문에 요트의 공급은 비탄력적이다.

① A : 금이 부과되면 부자들의 요트 구입량은 감소하겠군.
② B : 수요와 공급 중 보다 탄력적인 쪽이 세금을 더 많이 부담하겠군.
③ C : 사치세를 부과하면 요트 공급자가 세금을 더 부담하게 되겠군.
④ D : 사치세를 통해 부자에게 세금을 부과하려는 정책은 실패할 가능성이 있겠군.
⑤ E : 요트 생산자보다 부자들은 요트를 대신할 대체재를 상대적으로 찾기 쉽겠군.

6. 밑줄 친 ⊙을 통해 알 수 있는 내용으로 적절하지 않은 것은?
① 세금이 부과되면 균형 거래량은 줄어든다.
② 구입자와 공급자가 세금을 나누어 부담한다.
③ 세금으로 인해 재화 거래의 시장 규모가 줄어든다.
④ 세금을 구입자에게 부과하면 공급 곡선이 이동한다.
⑤ 세금이 부과되면 시장에서 재화의 가격이 상승한다.

보험은 같은 위험을 보유한 다수인이 위험 공동체를 형성하여 보험료를 납부하고 보험 사고가 발생하면 보험금을 지급받는 제도이다. 보험 상품을 구입한 사람은 장래의 우연한 사고로 인한 경제적 손실에 대비할 수 있다. 보험금 지급은 사고 발생이라는 우연적 조건에 따라 결정되는데, 이처럼 보험은 조건의 실현 여부에 따라 받을 수 있는 재화나 서비스가 달라지는 조건부 상품이다.

[A]
위험 공동체의 구성원이 납부하는 보험료와 지급받는 보험금은 그 위험 공동체의 사고 발생 확률을 근거로 산정된다. 특정 사고가 발생할 확률은 정확히 알 수 없지만 그동안 발생된 사고를 바탕으로 그 확률을 예측한다면 관찰 대상이 많아짐에 따라 실제 사고 발생 확률에 근접하게 된다. 본래 보험 가입의 목적은 금전적 이득을 취하는 데 있는 것이 아니라 장래의 경제적 손실을 보상받는 데 있으므로 위험 공동체의 구성원은 자신이 속한 위험 공동체의 위험에 상응하는 보험료를 납부하는 것이 공정할 것이다. 따라서 공정한 보험에서는 구성원 각자가 납부하는 보험료와 그가 지급받을 보험금에 대한 기댓값이 일치해야 하며 구성원 전체의 보험료 총액과 보험금 총액이 일치해야 한다. 이때 보험금에 대한 기댓값은 사고가 발생할 확률에 사고 발생 시 수령할 보험금을 곱한 값이다. 보험금에 대한 보험료의 비율(보험료 / 보험금)을 보험료율이라 하는데, 보험료율이 사고 발생 확률보다 높으면 구성원 전체의 보험료 총액이 보험금 총액보다 더 많고, 그 반대의 경우에는 구성원 전체의 보험료 총액이 보험금 총액보다 더 적게 된다. 따라서 공정한 보험에서는 보험료율과 사고 발생 확률이 같아야 한다.

물론 현실에서 보험사는 영업 활동에 소요되는 비용 등을 보험료에 반영하기 때문에 공정한 보험이 적용되기 어렵지만 기본적으로 위와 같은 원리를 바탕으로 보험료와 보험금을 산정한다. 그런데 보험 가입자들이 자신이 가진 위험의 정도에 대해 진실한 정보를 알려 주지 않는 한, 보험사는 보험 가입자 개개인이 가진 위험의 정도를 정확히 파악하여 거기에 상응하는 보험료를 책정하기 어렵다. 이러한 이유로 사고 발생 확률이 비슷하다고 예상되는 사람들로 구성된 어떤 위험 공동체에 사고 발생 확률이 더 높은 사람들이 동일한 보험료를 납부하고 진입하게 되면, 그 위험 공동체의 사고 발생 빈도가 높아져 보험사가 지급하는 보험금의 총액이 증가한다. 보험사는 이를 보전하기 위해 구성원이 납부해야 할 보험료를 인상할 수밖에 없다. 결국 자신의 위험 정도에 상응하는 보험료보다 더 높은 보험료를 납부하는 사람이 생기게 되는 것이다. 이러한 문제는 정보의 비대칭성에서 비롯되는데 보험 가입자의 위험 정도에 대한 정보는 보험 가입자가 보험사보다 더 많이 갖고 있기 때문이다. 이를 해결하기 위해 보험사는 보험 가입자의 감춰진 특성을 파악할 수 있는 수단이 필요하다.

우리 상법에 규정되어 있는 고지 의무는 이러한 수단이 법적으로 구현된 제도이다. 보험 계약은 보험 가입자의 청약과 보험사의 승낙으로 성립된다. 보험 가입자는 반드시 계약을 체결하기 전에 '중요한 사항'을 알려야 하고, 이를 사실과 다르게 진술해서는 안 된다. 여기서 '중요한 사항'은 보험사가 보험 가입자의 청약에 대한 승낙을 결정하거나 차등적인 보험료를 책정하는 근거가 된다. 따라서 고지 의무는 결과적으로 다수의 사람들이 자신의 위험 정도에 상응하는 보험료보다 더 높은 보험료를 납부해야 하거나, 이를 이유로 아예 보험에 가입할 동기를 상실하게 되는 것을 방지한다.

보험 계약 체결 전 보험 가입자가 고의나 중대한 과실로 '중요한 사항'을 보험사에 알리지 않거나 사실과 다르게 알리면 고지 의무를 위반하게 된다. 이러한 경우에 우리 상법은 보험사에 계약 해지권을 부여한다. 보험사는 보험 사고가 발생하기 이전이나 이후에 상관없이 고지 의무 위반을 이유로 계약을 해지할 수 있고, 해지권 행사는 보험사의 일방적인 의사표시로 가능하다. 해지를 하면 보험사는 보험금을 지급할 책임이 없게 되며, 이미 보험금을 지급했다면 그에 대한 반환을 청구할 수 있다. 일반적으로 법에서 의무를 위반하게 되면 위반한 자에게 그 의무를 이행하도록 강제하거나 손해 배상을 청구할 수 있는 것과 달리, 보험 가입자가 고지 의무를 위반했을 때에는 보험사가 해지권만 행사할 수 있다. 그런데 보험사의 계약 해지권이 제한되는 경우도 있다. 계약 당시에 보험사가 고지 의무 위반에 대한 사실을 알았거나 중대한 과실로 인해 알지 못한 경우에는 보험 가입자가 고지 의무를 위반했어도 보험사의 해지권은 배제된다. 이는 보험 가입자의 잘못보다 보험사의 잘못에 더 책임을 둔 것이라 할 수 있다. 또 보험사가 해지권을 행사할 수 있는 기간에도 일정한 제한을 두고 있는데, 이는 양자의 법률관계를 신속히 확정함으로써 보험 가입자가 불안정한 법적 상태에 장기간 놓여 있는 것을 방지하려는 것이다. 그러나 고지해야 할 '중요한 사항' 중 고지 의무 위반에 해당되는 사항이 보험 사고와 인과 관계가 없을 때에는 보험사는 보험금을 지급할 책임이 있다. 그렇지만 이때에도 해지권은 행사할 수 있다.

보험에서 고지 의무는 보험에 가입하려는 사람의 특성을 검증함으로써 다른 가입자에게 보험료가 부당하게 전가되는 것을 막는 기능을 한다. 이로써 사고의 위험에 따른 경제적 손실에 대비하고자 하는 보험 본연의 목적이 달성될 수 있다.

7. [A]를 바탕으로 다음의 상황을 이해한 내용으로 적절한 것은?

사고 발생 확률이 각각 0.1과 0.2로 고정되어 있는 위험 공동체 A와 B가 있다고 가정한다. A와 B에 모두 공정한 보험이 항상 적용된다고 할 때, 각 구성원이 납부할 보험료와 사고 발생 시 지급받을 보험금을 산정하려고 한다.

단, 동일한 위험 공동체의 구성원끼리는 납부하는 보험료가 같고, 지급받는 보험금이 같다. 보험료는 한꺼번에 모두 납부한다.

① A에서 보험료를 두 배로 높이면 보험금은 두 배가 되지만 보험금에 대한 기댓값은 변하지 않는다.

② B에서 보험금을 두 배로 높이면 보험료는 변하지 않지만 보험금에 대한 기댓값은 두 배가 된다.

③ A에 적용되는 보험료율과 B에 적용되는 보험료율은 서로 같다.

④ A와 B에서의 보험금이 서로 같다면 A에서의 보험료는 B에서의 보험료의 두 배이다.

⑤ A와 B에서의 보험료가 서로 같다면 A와 B에서의 보험금에 대한 기댓값은 서로 같다.

8. 위 설명을 바탕으로 다음의 사례를 검토한 내용으로 가장 적절한 것은?

보험사 A는 보험 가입자 B에게 보험 사고로 인한 보험금을 지급한 후, B가 중요한 사항을 고지하지 않았다는 사실을 뒤늦게 알고 해지권을 행사할 수 있는 기간 내에 보험금 반환을 청구했다.

① 계약 체결 당시 A에게 중대한 과실이 있었다면 A는 계약을 해지할 수 없으나 보험금은 돌려받을 수 있다.

② 계약 체결 당시 A에게 중대한 과실이 없다 하더라도 A는 보험금을 이미 지급했으므로 계약을 해지할 수 없다.

③ 계약 체결 당시 A에게 중대한 과실이 있고 B 또한 중대한 과실로 고지 의무를 위반했다면 A는 보험금을 돌려받을 수 있다.

④ B가 고지하지 않은 중요한 사항이 보험 사고와 인과 관계가 없다면 A는 보험금을 돌려받을 수 없다.

⑤ B가 자신의 고지 의무 위반 사실을 보험 사고가 발생한 후 A에게 즉시 알렸다면 고지 의무를 위반한 것이 아니다.

9. 윗글을 바탕으로 〈보기〉를 이해할 때 '경제학자 병'이 제안한 내용으로 가장 적절한 것은?

어떤 가상의 경제에서 20○○년 1월 1일부터 9월 30일까지 3개 분기 동안 중앙은행의 기준 금리가 4%로 유지되는 가운데 다양한 물가 변동 요인의 영향으로 물가 상승률은 아래 표와 같이 나타났다. 단, 각 분기의 물가 변동 요인은 서로 관련이 없다고 한다.

기간	1/1~3/31	4/1~6/30	7/1~9/30
	1분기	2분기	3분기
물가 상승률	2%	3%	3%

경제학자 병은 1월 1일에 위 표의 내용을 예측할 수 있었고 국민들의 생활 안정을 위해 물가 상승률을 매 분기 2%로 유지해야 한다고 주장하였다. 이를 위해 다음 사항을 고려한 선제적 통화 정책을 제안했으나 받아들여지지 않았다.

[경제학자 병의 고려 사항]

기준 금리가 4%로부터 1.5%p*만큼 변하면 물가 상승률은 위 표의 각 분기 값을 기준으로 1%p만큼 달라지며, 기준 금리 조정과 공개 시장 운영은 1월 1일과 4월 1일에 수행된다. 정책 외부 시차는 1개 분기이며 기준 금리 조정에 따른 물가 상승률 변동 효과는 1개 분기 동안 지속된다.

※ %p는 퍼센트 간의 차이를 말한다. 예를 들어 1%에서 2%로 변화하면 이는 1%p 상승한 것이다.

① 중앙은행은 기준 금리를 1월 1일에 2.5%로 인하하고 4월 1일에도 이를 2.5%로 유지해야 한다.

② 중앙은행은 기준 금리를 1월 1일에 2.5%로 인하하고 4월 1일에는 이를 4%로 인상해야 한다.

③ 중앙은행은 기준 금리를 1월 1일에 4%로 유지하고 4월 1일에는 이를 5.5%로 인상해야 한다.

④ 중앙은행은 기준 금리를 1월 1일에 5.5%로 인상하고 4월 1일에는 이를 4%로 인하해야 한다.

⑤ 중앙은행은 기준 금리를 1월 1일에 5.5%로 인상하고 4월 1일에도 이를 5.5%로 유지해야 한다.

10. 윗글의 ㉠과 ㉡에 대한 설명으로 가장 적절한 것은?

① ㉠에서는 중앙은행이 정책 운용에 관한 준칙을 지키느라 경제 변동에 신축적인 대응을 못해도 이를 바람직하다고 본다.

② ㉡에서는 중앙은행이 스스로 정한 준칙을 지키는 것은 얼마든지 가능하다고 본다.

③ ㉠에서는 ㉡과 달리, 정책 운용에 관한 준칙을 지키지 않아도 민간의 신뢰를 확보할 수 있다고 본다.

④ ㉡에서는 ㉠과 달리, 통화 정책에서 민간의 신뢰 확보를 중요하게 여기지 않는다.

⑤ ㉡에서는 ㉠과 달리, 경제 상황 변화에 대한 통화 정책의 탄력적 대응이 효과적이지 않다고 본다.

11. 어떤 제품을 만들어서 하나를 팔면 이익이 5,000원 남고, 불량품을 만들게 되면 10,000원 손실을 입게 된다. 이 제품의 기댓값이 3,500원이라면 이 제품을 만드는 공장의 불량률은 몇 %인가?

① 4%

② 6%

③ 8%

④ 10%

⑤ 12%

12. 다음 일차방정식 $3x - 5 = 2x - 3$의 해는?

① 2

② 4

③ 6

④ 8

⑤ 9

13. 다음은 기업유형별 직업교육 인원에 대한 지원비용 기준이다. 대규모기업 집단에 속하는 A사의 양성훈련 필요 예산이 총 1억 3,000만 원일 경우, 지원받을 수 있는 비용은 얼마인가?

기업구분	훈련구분	지원비율
우선지원대상기업	향상, 양성훈련 등	100%
대규모기업	향상, 양성훈련	60%
	비정규직대상훈련/전직훈련	70%
상시근로자 1,000인 이상 대규모 기업	향상, 양성훈련	50%
	비정규직대상훈련/전직훈련	70%

① 5,600만 원

② 6,200만 원

③ 7,800만 원

④ 8,200만 원

⑤ 8,400만 원

14. 다음 자료에 대한 설명으로 올바른 것은 어느 것인가?

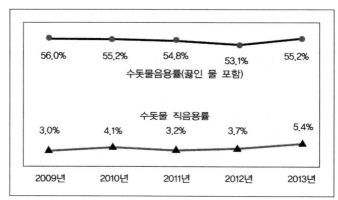

① 수돗물음용률과 수돗물 직음용률은 비교연도에 모두 동일한 증감 추세를 보이고 있다.

② 수돗물음용률은 수돗물 직음용률보다 항상 50%p 이상 많다.

③ 2011년 이후 수돗물을 끓여 마시는 사람들의 비중이 급격이 증가하였다.

④ 두 개 지표의 비중 차이가 가장 작은 해는 2013년이다.

⑤ 수돗물을 직접 마시는 사람들은 2011년 이후 증가 추세에 있다.

15. 다음은 해외 주요 금융지표를 나타낸 표이다. 표에 대한 설명으로 옳지 않은 것은?

(단위 : %, %p)

| 구분 | '12년 말 | '13년 말 | '14년 | | | '15년 |
			2분기	3분기	12.30	1.7
다우지수	13,104	16,577	16,818	17,056	18,038	17,372
나스닥지수	3,020	4,177	4,350	4,509	4,807	4,593
일본 (Nikkei)	10,395	16,291	15,267	16,167	17,451	16,885
중국 (상하이종합)	2,269	2,116	2,026	2,344	3,166	3,374

① 2015년 1월 7일 다우지수는 전주 대비 약 3.69% 하락하였다.

② 2014년 3분기 중국 상하이종합 지수는 전분기 대비 약 14.70% 상승하였다.

③ 2014년 12월 30일 일본 니케이 지수는 전년 말 대비 약 7.12% 상승하였다.

④ 2014년 3분기 나스닥 지수는 2012년 말 대비 1,489p 상승하였다.

⑤ 2015년 1월 7일 나스닥 지수는 전주 대비 약 4.45% 하락하였고 이는 같은 기간 일본 니케이 지수보다 하락폭이 약 1.21%p 더 크다.

16. 다음은 2015년 1월 7일 지수를 기준으로 작성한 국내 금융 지표를 나타낸 표이다. A에 들어갈 수로 가장 알맞은 것은?

(단위 : %, %p)

| 구분 | '13년 말 | '14년 | | | '15년 | 전주 대비 |
		2분기	3분기	12.30	1.7	
코스피 지수	2,011.34	1,981.77	2,035.64	1,915.59	1,883.83	-1.66
코스닥 지수	499.99	527.26	580.42	542.97	561.32	(A)
국고채 (3년)	2.86	2.69	2.34	2.10	2.08	-0.95
회사채 (3년)	3.29	3.12	2.72	2.43	2.41	-0.82
국고채 (10년)	3.58	3.22	2.97	2.60	2.56	-1.54

① 3.18 ② 3.28

③ 3.38 ④ 3.48

⑤ 3.58

17. 다음은 최근 3년간 우리나라 귀농·귀촌 동향을 나타낸 표이다. 표에 대한 설명으로 옳지 않은 것은?

〈표 1〉 연도별 귀농·귀촌 가구 수

구분		가구 수(호)	비중(%)
2012년	귀촌	15,788	58.5
	귀농	11,220	41.5
	계	27,008	100.0
2013년	귀촌	21,501	66.3
	귀농	10,923	33.7
	계	32,424	100.0
2014년	귀촌	33,442	75.0
	귀농	11,144	25.0
	계	44,586	100.0

〈표 2〉 가구주 연령대별 귀농·귀촌 추이

| 구분 | | 귀촌 | | | 귀농 | | |
		'12년	'13년	'14년	'12년	'13년	'14년
합계		15,788	21,501	33,442	11,220	10,923	11,144
가구주 연령	30대 이하	3,369	3,807	6,546	1,292	1,253	1,197
	40대	3,302	4,748	7,367	2,766	2,510	2,501
	50대	4,001	6,131	9,910	4,298	4,289	4,409
	60대	3,007	4,447	6,378	2,195	2,288	2,383
	70대 이상	2,109	2,368	3,241	669	583	654

① 귀농·귀촌 가구는 2012년 27,008가구에서 2014년 44,586 가구로 최근 2년 동안 약 65.1% 증가하였다.

② 귀농 가구 수는 2012년 11,220호에서 2014년 11,144호로 약 0.6% 감소하였다.

③ 귀촌 가구의 경우 가구주의 전 연령대에서 증가하였는데 특히 가구주 연령이 50대인 가구가 가장 많이 늘었다.

④ 가구주 연령이 40대인 귀촌 가구는 2012~2014년 기간 동안 약 147.7% 증가하였다.

⑤ 2012~2014년 기간 동안 가구주 연령이 70대 이상인 귀촌 가구는 약 1.53배 증가하였다.

18. 다음은 2010년 기초노령연금 수급 현황에 관한 조사결과 보고서이다. 보고서의 내용과 부합하지 않는 자료는?

보건복지부의 자료에 의하면 2010년 12월 말 현재 65세 이상 노인 중 약 373만 명에게 기초노령연금이 지급된 것으로 나타났다.

시도별 기초노령연금 수급률은 전남이 85.5%로 가장 높았고 그 다음이 경북(80.4%), 전북(79.3%), 경남(77.8%) 순이며, 서울(51.3%)이 가장 낮았다. 시군구별 기초노령연금 수급률은 전남 완도군이 94.1%로 가장 높았고 서울 서초구는 26.5%로 가장 낮았다. 특히 농어촌의 57개 지역과 대도시의 14개 지역은 기초노령연금 수급률이 80%를 넘었다.

여성(65.1%)이 남성(34.9%)보다 기초노령연금 혜택을 더 많이 받는 것으로 나타났는데, 이는 여성의 평균수명이 남성보다 더 길기 때문인 것으로 보인다. 기초노령연금을 받는 노인 중 70대가 수급자의 49.7%를 차지해 가장 비중이 높았다. 연령대별 수급자 비율을 큰 것부터 나열하면 80대, 90대, 70대 순이고, 80대의 경우 82.3%가 기초노령연금을 수령하였다.

① 2010년 시도별 기초노령연금 수급률

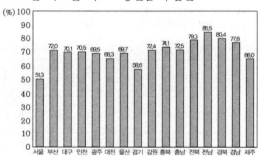

② 2010년 기초노령연금 수급자의 연령대별 구성비율

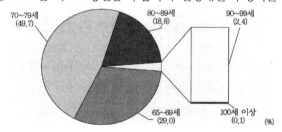

③ 2010년 시군구별 기초노령연금 수급률(상위 5개 및 하위 5개)

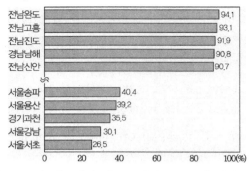

④ 2010년 연령대별 기초노령연금 수급자 비율

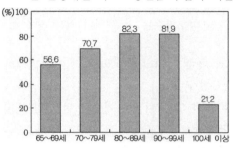

⑤ 2010년 기초노령연금 수급률별·도시규모별 지역 수

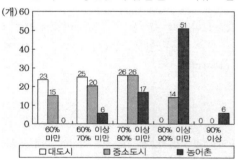

19. 다음은 K은행의 외화송금 수수료에 대한 규정이다. 수수료 규정을 참고할 때, 외국에 있는 친척과 〈보기〉와 같이 3회에 걸쳐 거래를 한 A씨가 지불한 총 수수료 금액은 얼마인가?

	국내 간 외화송금	실시간 국내송금
외화자금 국내이체 수수료 (당·타발)	U$5,000 이하 : 5,000원 U$10,000 이하 : 7,000원 U$10,000 초과 : 10,000원	U$10,000 이하 : 5,000원 U$10,000 초과 : 10,000원
	인터넷 뱅킹 : 5,000원 실시간 이체 : 타발 수수료는 없음	
해외로 외화 송금	송금 수수료	U$500 이하 : 5,000원 U$2,000 이하 : 10,000원 U$5,000 이하 : 15,000원 U$20,000 이하 : 20,000원 U$20,000 초과 : 25,000원 * 인터넷 뱅킹 이용 시 건당 3,000~5,000원
		해외 및 중계은행 수수료를 신청인이 부담하는 경우 국외 현지 및 중계은행의 통화별 수수료를 추가로 징구
	전신료	8,000원 인터넷 뱅킹 및 자동이체 5,000원
	조건변경 전신료	8,000원
해외/타행에서 받은 송금	건당 10,000원	

<보기>
1. 외국으로 U$3,500 송금 / 인터넷 뱅킹 최저 수수료 적용
2. 외국으로 U$600 송금 / 은행 창구
3. 외국에서 U$2,500 입금

① 32,000원
② 34,000원
③ 36,000원
④ 38,000원
⑤ 40,000원

20. 다음 〈표〉는 주식매매 수수료율과 증권거래세율에 대한 자료이다. 주식매매 수수료는 주식 매도 시 매도자에게, 매수 시 매수자에게 부과되며 증권거래세는 주식 매도 시에만 매도자에게 부과된다고 할 때, 이에 대한 〈보기〉의 설명 중 옳은 것을 모두 고르면?

〈표 1〉 주식매매 수수료율과 증권거래세율

(단위 : %)

구분＼연도	2001	2003	2005	2008	2011
주식매매 수수료율	0.1949	0.1805	0.1655	0.1206	0.0993
유관기관 수수료율	0.0109	0.0109	0.0093	0.0075	0.0054
증권사 수수료율	0.1840	0.1696	0.1562	0.1131	0.0939
증권거래세율	0.3	0.3	0.3	0.3	0.3

〈표 2〉 유관기관별 주식매매 수수료율

(단위 : %)

유관기관＼연도	2001	2003	2005	2008	2011
한국거래소	0.0065	0.0065	0.0058	0.0045	0.0032
예탁결제원	0.0032	0.0032	0.0024	0.0022	0.0014
금융투자협회	0.0012	0.0012	0.0011	0.0008	0.0008
합계	0.0109	0.0109	0.0093	0.0075	0.0054

※ 주식거래 비용 = 주식매매 수수료 + 증권거래세
※ 주식매매 수수료 = 주식매매 대금 × 주식매매 수수료율
※ 증권거래세 = 주식매매 대금 × 증권거래세율

㉠ 2001년에 '갑'이 주식을 매수한 뒤 같은 해에 동일한 가격으로 전량 매도했을 경우, 매수 시 주식거래 비용과 매도 시 주식거래 비용의 합에서 증권사 수수료가 차지하는 비중은 50%를 넘지 않는다.
㉡ 2005년에 '갑'이 1,000만원 어치의 주식을 매수할 때 '갑'에게 부과되는 주식매매 수수료는 16,550원이다.
㉢ 모든 유관기관은 2011년 수수료율을 2008년보다 10% 이상 인하하였다.
㉣ 2011년에 '갑'이 주식을 매도할 때 '갑'에게 부과되는 주식거래 비용에서 유관기관 수수료가 차지하는 비중은 2% 이하이다.

① ㉠, ㉡
② ㉠, ㉢
③ ㉡, ㉢
④ ㉡, ㉣
⑤ ㉢, ㉣

21. 다음 조건을 바탕으로 할 때, 김 교수의 연구실 위치한 건물과 오늘 갔던 서점이 위치한 건물을 순서대로 올바르게 짝지은 것은?

- 최 교수, 김 교수, 정 교수의 연구실은 경영관, 문학관, 홍보관 중 한 곳에 있으며 서로 같은 건물에 있지 않다.
- 이들은 오늘 각각 자신의 연구실이 있는 건물이 아닌 다른 건물에 있는 서점에 갔었으며, 서로 같은 건물의 서점에 가지 않았다.
- 정 교수는 홍보관에 연구실이 있으며, 최 교수와 김 교수는 오늘 문학관 서점에 가지 않았다.
- 김 교수는 정 교수가 오늘 갔던 서점이 있는 건물에 연구실이 있다.

① 문학관, 경영관
② 경영관, 문학관
③ 경영관, 홍보관
④ 문학관, 홍보관
⑤ 홍보관, 경영관

┃22~23┃ 다음은 기업여신 상품설명서의 일부이다. 물음에 답하시오.

1. 연체이자율(지연배상금률)
(1) 연체이자율은 [여신이자율 + 연체기간별 연체가산이자율]로 적용한다.
연체가산이자율은 연체기간별로 다음과 같이 적용하며 연체 기간에 따라 구분하여 부과하는 방식(계단방식)을 적용한다.
- 연체기간이 30일 이하 : 연 6%
- 연체기간이 31일 이상 90일 이하일 경우 : 연 7%
- 연체기간이 91일 이상 : 연 8%
(2) 연체이자율은 최고 15%로 한다.
(3) 연체이자(지연배상금)을 내야 하는 경우
- 「이자를 납입하기로 약정한 날」에 납입하지 아니한 때
이자를 납입하여야 할 날의 다음날부터 14일까지는 내야 할 약정이자에 대해 연체이자가 적용되고, 14일이 경과하면 기한이익상실로 인해 여신원금에 연체이율을 곱한 연체이자를 내야 한다.

(예시) 원금 1억 2천만 원, 약정이자율 연 5%인 여신의 이자(50만 원)를 미납하여 연체가 발생하고, 연체 발생 후 31일 시점에 납부할 경우 연체이자(일시상환)

연체기간	계산방법	연체이자
연체발생~14일분	지체된 약정이자(50만 원)×연 11%(5%+6%)×14/365	2,109원
연체 15일~30일분	원금(1억 2천만 원)×연 11%(5%+6%)×16/365	578,630원
계		580,739원

* 기한이익상실 전 발생한 약정이자는 별도
* 위 내용은 이해를 돕기 위해 연체이자만을 단순하게 계산한 예시임. 연체이자는 여신조건, 여신종류 등에 따라 달라질 수 있으며 실제 납부금액은 연체이자에 약정이자를 포함하여 계산됨

- 「원금을 상환하기로 약정한 날」에 상환하지 아니한 때
원금을 상환하여야 할 날의 다음날부터는 여신원금에 대한 연체이자를 내야 한다.
- 「분할상환금(또는 분할상환 원리금)을 상환하기로 한 날」에 상환하지 아니한 때
분할상환금(또는 분할상환 원리금)을 상환하여야 할 날의 다음날부터는 해당 분할상환금(또는 분할상환 원리금)에 대한 연체이자를, 2회 이상 연속하여 지체한 때에는 기한이익상실로 인해 여신원금에 대한 연체이자를 내야 한다.

2. 유의사항
(1) 여신기한 전에 채무를 상환해야 하는 경우
채무자인 고객 소유의 예금, 담보 부동산에 법원이나 세무서 등으로부터의 (가)압류명령 등이 있는 때에는 은행으로부터 별도 청구가 없더라도 모든 여신(또는 해당 여신)을 여신기한에 이르기 전임에도 불구하고 곧 상환해야 한다.
(2) 금리인하요구권
채무자는 본인의 신용상태가 호전되거나 담보가 보강되었다고 인정되는 경우(회사채 등급 상승, 재무상태 개선, 특허취득, 담보제공 등)에는 증빙자료를 첨부한 금리인하신청서를 은행에 제출, 금리변경을 요구할 수 있다.

22. 분할상환금을 2회 이상 연속하여 상환하지 아니한 경우에는 어떻게 되는가?

① 해당 분할상환금에 대한 연체이자를 내야 한다.
② 기한이익상실로 인해 여신원금에 대한 연체이자를 내야 한다.
③ 증빙자료를 첨부한 금리인하신청서를 은행에 제출하여야 한다.
④ 은행으로부터 별도 청구가 없더라도 모든 여신(또는 해당 여신)을 여신기한에 이르기 전임에도 불구하고 곧 상환해야 한다.
⑤ 내야 할 약정이자에 대한 연체이자를 내야 한다.

23. 원금 1억 5천만 원, 약정이자율 연 5%인 여신의 이자(62만 5천원)를 미납하여 연체가 발생하고, 연체 발생 후 31일 시점에 납부할 경우 실제 납부금액은 얼마인가?

① 1,150,923원
② 1,250,923원
③ 1,350,923원
④ 1,450,923원
⑤ 1,550,923원

24. 다음 내용과 전투능력을 가진 생존자 현황을 근거로 판단할 경우 생존자들이 탈출할 수 있는 경우로 옳은 것은? (단, 다른 조건은 고려하지 않는다)

- 좀비 바이러스에 의해 라쿤 시티에 거주하던 많은 사람들이 좀비가 되었다. 건물에 갇힌 생존자들은 동, 서, 남, 북 4개의 통로를 이용해 5명씩 탈출을 시도한다. 탈출은 통로를 통해서만 가능하며, 한 쪽 통로를 선택하면 되돌아올 수 없다.
- 동쪽 통로에 11마리, 서쪽 통로에 7마리, 남쪽 통로에 11마리, 북쪽 통로에 9마리의 좀비들이 있다. 선택한 통로의 좀비를 모두 제거해야만 탈출할 수 있다.
- 남쪽 통로의 경우, 통로 끝이 막혀 탈출을 할 수 없지만 팀에 폭파전문가가 있다면 다이너마이트를 사용하여 막힌 통로를 뚫고 탈출할 수 있다.
- 전투란 생존자가 좀비를 제거하는 것을 의미하며 선택한 통로에서 일시에 이루어진다.
- 전투능력은 정상인 건강상태에서 해당 생존자가 전투에서 제거하는 좀비의 수를 의미하며, 질병이나 부상상태인 사람은 그 능력이 50%로 줄어든다.
- 전투력 강화에는 건강상태가 정상인 생존자들 중 1명에게만 사용할 수 있으며, 전투능력을 50% 향상시킨다. 사용 가능한 대상은 의사 혹은 의사의 팀 내 구성원이다.
- 생존자의 직업은 다양하며, 아이와 노인은 전투능력과 보유품목이 없고 건강상태는 정상이다.

전투능력을 가진 생존자 현황

직업	인원	전투능력	건강상태	보유품목
경찰	1명	6	질병	–
헌터	1명	4	정상	–
의사	1명	2	정상	전투력 강화제 1개
사무라이	1명	8	정상	–
폭파전문가	1명	4	부상	다이너마이트

	탈출 통로	팀 구성 인원
①	동쪽 통로	폭파전문가 – 사무라이 – 노인 3명
②	서쪽 통로	헌터 – 경찰 – 아이 2명 – 노인
③	남쪽 통로	헌터 – 폭파전문가 – 아이 – 노인 2명
④	북쪽 통로	경찰 – 의사 – 아이 2명 – 노인
⑤	남쪽 통로	폭파전문가 – 사무라이 – 의사 – 아이

25. 다음에 주어진 조건이 모두 참일 때 옳은 결론을 고르면?

- A, B, C, D, E가 의자가 6개 있는 원탁에서 토론을 한다.
- 어느 방향이든 A와 E 사이에는 누군가가 앉는다.
- D 맞은 편에는 누구도 앉아 있지 않다.
- A와 B는 서로 마주보고 앉는다.
- C 주변에는 자리가 빈 곳이 하나 있다.

A : A와 E 사이에 있는 사람이 적은 방향은 한 명만 사이에 있다.
B : A와 D는 서로 떨어져 있다.

① A만 옳다.
② B만 옳다.
③ A와 B 모두 옳다.
④ A와 B 모두 그르다.
⑤ A와 B 모두 옳은지 그른지 알 수 없다.

┃26~27┃ 다음은 블루투스 이어폰을 구매하기 위하여 전자제품 매장을 찾은 K씨가 제품 설명서를 보고 점원과 나눈 대화와 설명서 내용의 일부이다. 다음을 보고 이어지는 물음에 답하시오.

K씨 : "블루투스 이어폰을 좀 사려고 합니다."
점원 : "네 고객님, 어떤 조건을 원하시나요?"
K씨 : "제 것과 친구에게 선물할 것 두 개를 사려고 하는데요, 두 개 모두 가볍고 배터리 사용시간이 좀 길었으면 합니다. 무게는 42g까지가 적당할 거 같고요, 저는 충전시간이 짧으면서도 통화시간이 긴 제품을 원해요. 선물하려는 제품은요, 일주일에 한 번만 충전해도 통화시간이 16시간은 되어야 하고, 음악은 운동하면서 매일 하루 1시간씩만 들을 수 있으면 돼요. 스피커는 고감도인 게 더 낫겠죠."
점원 : "그럼 고객님께는 ( )모델을, 친구 분께 드릴 선물로는 ( )모델을 추천해 드립니다."

〈제품 사양서〉

구분	무게	충전시간	통화시간	음악재생시간	스피커감도
A모델	40.0g	2.2H	15H	17H	92db
B모델	43.5g	2.5H	12H	14H	96db
C모델	38.4g	3.0H	12H	15H	94db
D모델	42.0g	2.2H	13H	18H	85db

※ A, B모델 : 통화시간 1시간 감소 시 음악재생시간 30분 증가
※ C, D모델 : 음악재생시간 1시간 감소 시 통화시간 30분 증가

26. 다음 중 위 네 가지 모델에 대한 설명으로 옳은 것을 〈보기〉에서 모두 고르면?

〈보기〉
(가) 충전시간 당 통화시간이 긴 제품일수록 음악재생시간이 길다.
(나) 충전시간 당 통화시간이 5시간 이상인 것은 A, D모델이다.
(다) A모델은 통화에, C모델은 음악재생에 더 많은 배터리가 사용된다.
(라) B모델의 통화시간을 10시간으로 제한하면 음악재생시간을 C모델과 동일하게 유지할 수 있다.

① (가), (나)　　　　② (나), (라)
③ (다), (라)　　　　④ (가), (다)
⑤ (나), (다)

27. 다음 중 점원이 K씨에게 추천한 빈칸의 제품이 순서대로 올바르게 짝지어진 것은 어느 것인가?

	K씨	선물
①	C모델	A모델
②	C모델	D모델
③	A모델	C모델
④	A모델	B모델
⑤	B모델	C모델

28. 다음에 주어진 조건이 모두 참일 때 옳은 결론을 고르면?

• 민지, 영수, 경호 3명이 1층에서 엘리베이터를 탔다. 5층에서 한 번 멈추었다.
• 3명은 나란히 서 있었다.
• 5층에서 맨 오른쪽에 서 있던 영수가 내렸다.
• 민지는 맨 왼쪽에 있지 않다.

A : 5층에서 엘리베이터가 다시 올라갈 때 경호는 맨 오른쪽에 서 있게 된다.
B : 경호 바로 옆에는 항상 민지가 있었다.

① A만 옳다.
② B만 옳다.
③ A와 B 모두 옳다.
④ A와 B 모두 그르다.
⑤ A와 B 모두 옳은지 그른지 알 수 없다.

29. 다음은 국내 화장품 산업의 SWOT분석이다. 주어진 전략 중 가장 적절한 것은?

SWOT이란, 강점(Strength), 약점(Weakness), 기회(Opportunity), 위협(Threat)의 머리글자를 모아 만든 단어로 경영 전략을 수립하기 위한 도구이다. SWOT분석을 통해 도출된 조직의 외부/내부 환경을 분석 결과를 통해 각각에 대응하는 전략을 도출하게 된다.

SO 전략이란 기회를 활용하면서 강점을 더욱 강화하는 공격적인 전략이고, WO 전략이란 외부환경의 기회를 활용하면서 자신의 약점을 보완하는 전략으로 이를 통해 기업이 처한 국면의 전환을 가능하게 할 수 있다. ST 전략은 외부환경의 위험요소를 회피하면서 강점을 활용하는 전략이며, WT 전략이란 외부환경의 위험요인을 회피하고 자사의 약점을 보완하는 전략으로 방어적 성격을 갖는다.

내부 외부	강점(Strength)	약점(Weakness)
기회 (Opportunity)	SO 전략 (강점-기회 전략)	WO 전략 (약점-기회 전략)
위협 (Threat)	ST 전략 (강점-위협 전략)	WT 전략 (약점-위협 전략)

강점 (Strength)	• 참신한 제품 개발 능력과 상위의 생산시설 보유 • 한류 콘텐츠와 연계된 성공적인 마케팅 • 상대적으로 저렴한 가격 경쟁력
약점 (Weakness)	• 아시아 외 시장에서의 존재감 미약 • 대기업 및 일부 브랜드 편중 심화 • 색조 분야 경쟁력이 상대적으로 부족
기회 (Opportunity)	• 중국·동남아 시장 성장 가능성 • 중국 화장품 관세 인하 • 유럽에서의 한방 원료 등을 이용한 'Korean Therapy' 관심 증가
위협 (Threat)	• 글로벌 업체들의 중국 진출(경쟁 심화) • 중국 로컬 업체들의 추격 • 중국 정부의 규제 강화 가능성

내부 외부	강점(Strength)	약점(Weakness)
기회 (Opportunity)	① 색조 화장품의 개발로 중국·동남아 시장 진출	② 다양한 한방 화장품 개발로 유럽 시장에 존재감 부각
위협 (Threat)	③ 저렴한 가격과 높은 품질을 강조하여 유럽 시장에 공격적인 마케팅 ⑤ 저렴한 가격 경쟁력을 바탕으로 동남아 시장 진출	④ 한류 콘텐츠와 연계한 마케팅으로 중국 로컬 업체들과 경쟁

30. 집단의사결정과정의 하나인 브레인스토밍에 대한 설명으로 바르지 않은 것은?

① 다른 사람이 아이디어를 제시할 때 비판하지 않는다.

② 모든 아이디어들이 제안되면 이를 결합하여 해결책을 마련한다.

③ 문제에 대한 제안이 자유롭게 이루어진다.

④ 주제를 구체적이고 명확하게 정한다.

⑤ 아이디어는 적을수록 결정이 빨라져 좋다.

31. 다음은 N사의 ○○동 지점으로 배치된 신입사원 5명의 인적사항과 부서별 추가 인원 요청 사항이다. 인력관리의 원칙 중 하나인 적재적소의 원리에 의거하여 신입사원들을 배치할 경우 가장 적절한 것은?

〈신입사원 인적사항〉

성명	성별	전공	자질/자격	기타
甲	남	스페인어	바리스타 자격 보유	서비스업 관련 아르바이트 경험 다수
乙	남	경영	모의경영대회 입상	폭넓은 대인관계
丙	여	컴퓨터공학	컴퓨터 활용능력 2급 자격증 보유	논리적·수학적 사고력 우수함
丁	남	회계	–	미국 5년 거주, 세무사 사무실 아르바이트 경험
戊	여	광고학	과학잡지사 우수편집인상 수상	강한 호기심, 융통성 있는 사고

〈부서별 인원 요청 사항〉

부서명	필요인원	필요자질
영업팀	2명	영어 능통자 1명, 외부인과의 접촉 등 대인관계 원만한 자 1명
인사팀	1명	인사 행정 등 논리 활용 프로그램 사용 적합자
홍보팀	2명	홍보 관련 업무 적합자, 외향적 성격 소유자 등 2명

	영업팀	인사팀	홍보팀
①	甲, 丁	丙	乙, 戊
②	乙, 丙	丁	甲, 戊
③	乙, 丁	丙	甲, 戊
④	丙, 戊	甲	乙, 丁
⑤	甲, 丙	乙	丁, 戊

32. 다음 〈그림〉과 〈표〉는 K은행의 직원채용절차에 대한 자료이다. 이를 근거로 1일 총 접수건수를 처리하기 위한 각 업무단계별 총 처리비용이 두 번째로 큰 업무단계는?

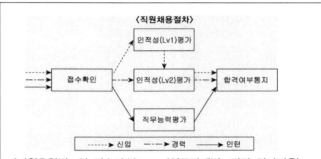

지원유형	접수(건)
신입	20
경력	18
인턴	16
–	–
계	54

업무단계	처리비용(원)
접수확인	500
인적성(Lv1)평가	2,000
인적성(Lv2)평가	1,000
직무능력평가	1,500
합격여부통지	400

※ 직원채용절차에서 중도탈락자는 없음

※ 업무단계별 1건당 처리비용은 지원유형에 관계없이 동일함

① 접수확인

② 인적성(Lv1)평가

③ 인적성(Lv2)평가

④ 직무능력평가

⑤ 합격여부통지

33. 홍보팀장은 다음 달 예산안을 정리하며 예산 업무 담당자에게 간접비용이 전체 직접비용의 30%를 넘지 않게 유지되도록 관리하라는 지시를 내렸다. 홍보팀의 다음과 같은 예산안에서 빈칸 A와 B에 들어갈 수 있는 금액으로 적당한 것은 어느 것인가?

〈예산안〉
- 원재료비 : 1억 3천만 원
- 보험료 : 2천 5백만 원
- 장비 및 시설비 : 2억 5천만 원
- 시설 관리비 : 2천 9백만 원
- 출장비 : (A)
- 광고료 : (B)
- 인건비 : 2천 2백만 원
- 통신비 : 6백만 원

① A : 6백만 원, B : 7천만 원
② A : 8백만 원, B : 6천만 원
③ A : 1천만 원, B : 7천만 원
④ A : 5백만 원, B : 7천만 원
⑤ A : 5백만 원, B : 8천만 원

34. 다음 ㈎～㈎ 중 시간계획을 함에 있어 명심하여야 할 사항으로 적절하지 않은 설명을 모두 고른 것은?

㈎ 자신에게 주어진 시간 중 적어도 60%는 계획된 행동을 해야 한다.
㈏ 계획은 다소 어렵더라도 의지를 담은 목표치를 반영한다.
㈐ 예정 행동만을 계획하는 것이 아니라 기대되는 성과나 행동의 목표도 기록한다.
㈑ 여러 일 중에서 어느 일이 가장 우선적으로 처리해야 할 것인가를 결정한다.
㈒ 유연하고 융통성 있는 시간계획을 정하기보다 가급적 변경 없이 계획대로 밀고 나갈 수 있어야 한다.
㈓ 예상 못한 방문객 접대, 전화 등의 사건으로 예정된 시간이 부족할 경우를 대비하여 여유시간을 확보한다.
㈔ 반드시 해야 할 일을 끝내지 못했을 경우, 다음 계획에 영향이 없도록 가급적 빨리 잊는다.
㈕ 자기 외의 다른 사람(비서, 부하, 상사)의 시간 계획을 감안하여 계획을 수립한다.

① ㈎, ㈏, ㈔
② ㈐, ㈒, ㈓
③ ㈏, ㈒, ㈔
④ ㈏, ㈐, ㈒
⑤ ㈑, ㈓, ㈕

35. 대한은행이 출시한 다음 적금 상품에 대한 설명으로 올바르지 않은 것은?

1. 상품특징
   - 영업점 창구에서 가입 시보다 높은 금리(+0.3%p)가 제공되는 비대면 채널 전용상품

2. 거래조건

구분	내용
가입자격	개인(1인 1계좌)
가입금액	초입금 5만 원 이상, 매회 1만 원 이상(계좌별), 매월 2천만 원 이내(1인당), 총 불입액 2억 원 이내(1인당)에서 자유적립(단, 계약기간 3/4 경과 후 월 적립 가능 금액은 이전 월 평균 적립금액의 1/2 이내)
가입기간	1년 이상 3년 이내 월 단위

적용금리	가입기간	1년 이상	2년	3년
	기본금리(연%)	2.18	2.29	2.41

우대금리	■ 가입일 해당월로부터 만기일 전월말까지 대한카드 이용실적이 100만 원 이상인 경우 : 0.2%p ■ 예금가입고객이 타인에게 이 상품을 추천하고 타인이 이 상품에 가입한 경우 : 추천 및 피추천계좌 각 0.1%p(최대 0.3%p)
예금자 보호	이 예금은 예금자보호법에 따라 예금보험공사가 보호하되, 보호한도는 본 은행에 있는 귀하의 모든 예금보호대상 금융상품의 원금과 소정의 이자를 합하여 1인당 최고 5천만 원이며, 5천만 원을 초과하는 나머지 금액은 보호하지 않습니다.

① 은행원의 도움을 직접 받아야 하는 어르신들이라도 창구를 직접 찾아가서 가입할 수 있는 상품이 아니다.
② 1년 계약을 한 가입자가 9개월이 지난 후 불입 총액이 90만 원이었다면, 10개월째부터는 월 5만 원이 적립 한도금액이 된다.
③ 가입기간이 길수록 우대금리가 적용되는 상품이다.
④ 상품의 특징을 활용하여 적용받을 수 있는 가장 높은 금리는 연리 2.71%이다.
⑤ 유사 시, 가입 상품에 불입한 금액의 일부를 잃게 될 수도 있다.

36. A사는 다음과 같이 직원들의 부서 이동을 단행하였다. 다음 부서 이동 현황에 대한 올바른 설명은?

이동 전 \ 이동 후	영업팀	생산팀	관리팀
영업팀	25	7	11
생산팀	9	16	5
관리팀	10	12	15

① 이동 전과 후의 인원수의 변화가 가장 큰 부서는 생산팀이다.
② 이동 전과 후의 부서별 인원수가 많은 순위는 동일하다.
③ 이동 후에 인원수가 감소한 부서는 1개 팀이다.
④ 가장 많은 인원이 이동해 온 부서는 관리팀이다.
⑤ 잔류 인원보다 이동해 온 인원이 더 많은 부서는 1개 팀이다.

▌37~38▐ 다음 자료를 읽고 이어지는 물음에 답하시오.

증여세는 타인으로부터 무상으로 재산을 취득하는 경우, 취득자에게 무상으로 받은 재산가액을 기준으로 하여 부과하는 세금이다. 특히, 증여세 과세대상은 민법상 증여뿐만 아니라 거래의 명칭, 형식, 목적 등에 불구하고 경제적 실질이 무상 이전인 경우 모두 해당된다. 증여세는 증여받은 재산의 가액에서 증여재산 공제를 하고 나머지 금액(과세표준)에 세율을 곱하여 계산한다.

> 증여재산 − 증여재산공제액 = 과세표준
> 과세표준 × 세율 = 산출세액

증여가 친족 간에 이루어진 경우 증여받은 재산의 가액에서 다음의 금액을 공제한다.

증여자	공제금액
배우자	6억 원
직계존속	5천만 원
직계비속	5천만 원
기타친족	1천만 원

수증자를 기준으로 당해 증여 전 10년 이내에 공제받은 금액과 해당 증여에서 공제받을 금액의 합계액은 위의 공제금액을 한도로 한다.
또한, 증여받은 재산의 가액은 증여 당시의 시가로 평가되며, 다음의 세율을 적용하여 산출세액을 계산하게 된다.

〈증여세 세율〉		
과세표준	세율	누진공제액
1억 원 이하	10%	−
1억 원 초과~5억 원 이하	20%	1천만 원
5억 원 초과~10억 원 이하	30%	6천만 원
10억 원 초과~30억 원 이하	40%	1억 6천만 원
30억 원 초과	50%	4억 6천만 원

※ 증여세 자진신고 시 산출세액의 7% 공제함

37. 위의 증여세 관련 자료를 참고할 때, 다음 〈보기〉와 같은 세 가지 경우에 해당하는 증여재산 공제액의 합은 얼마인가?

〈보기〉
• 아버지로부터 여러 번에 걸쳐 1천만 원 이상 재산을 증여받은 경우
• 성인 아들이 아버지와 어머니로부터 각각 1천만 원 이상 재산을 증여받은 경우
• 아버지와 삼촌으로부터 1천만 원 이상 재산을 증여받은 경우

① 5천만 원
② 6천만 원
③ 1억 원
④ 1억 5천만 원
⑤ 1억 6천만 원

38. 성년인 김부자 씨는 아버지로부터 1억 7천만 원의 현금을 증여받게 되어, 증여세 납부 고지서를 받기 전 스스로 증여세를 납부하고자 세무사를 찾아 갔다. 세무사가 계산해 준 김부자 씨의 증여세 납부액은 얼마인가?

① 1,400만 원
② 1,302만 원
③ 1,280만 원
④ 1,255만 원
⑤ 1,205만 원

A 식음료 기업 직영점에 점장이 된 B는 새로운 아르바이트생을 모집하고 있으며, 아래의 채용공고를 보고 지원한 사람들의 명단을 정리하였다. 다음을 바탕으로 물음에 답하시오.

〈아르바이트 모집공고 안내〉

✓ 채용 인원 : 미정

✓ 시급 : 7,000원

✓ 근무 시작 : 8월 9일

✓ 근무 요일 : 월~금 매일(면접 시 협의)

✓ 근무 시간 : 8:00~12:00/ 12:00~16:00/ 16:00~20:00 중 4시간 이상(면접 시 협의)

✓ 우대 조건 : 동종업계 경력자, 바리스타 자격증 보유자, 6개월 이상 근무 가능자

※ 지원자들은 이메일(BBBBB@jumjang.com)로 이력서를 보내주시기 바랍니다.

※ 희망 근무 요일과 희망 근무 시간대를 반드시 기입해 주세요.

〈지원자 명단〉

	A	B	C	D
1	이름	희망 근무 요일	희망 근무 시간	우대 조건
2	강한결	월, 화, 수, 목, 금	8:00 ~ 16:00	
3	금나래	화, 목	8:00 ~ 20:00	
4	김샛별	월, 수, 금	8:00 ~ 16:00	6개월 이상 근무 가능
5	송민국	월, 화, 수, 목, 금	16:00 ~ 20:00	타사 카페 6개월 경력
6	은빛나	화, 목	16:00 ~ 20:00	바리스타 자격증 보유
7	이초롱	월, 수, 금	8:00 ~ 16:00	
8	한마음	월, 화, 수, 목, 금	12:00 ~ 20:00	
9	현명한	월, 화, 수, 목, 금	16:00 ~ 20:00	

---

39. 점장 B는 효율적인 직원 관리를 위해 최소 비용으로 최소 인원을 채용하기로 하였다. 평일 오전 8시부터 오후 8시까지 계속 1명 이상의 아르바이트생이 점포 내에 있어야 한다고 할 때, 채용에 포함될 지원자는?

① 김샛별
② 송민국
③ 이초롱
④ 한마음
⑤ 현명한

40. 직원 채용 후 한 달 뒤, 오전 8시에서 오후 4시 사이에 일했던 직원이 그만두어 그 시간대에 일할 직원을 다시 채용하게 되었다. 미채용 되었던 인원들에게 연락할 때, 점장 B가 먼저 연락하게 될 지원자들을 묶은 것으로 적절한 것은?

① 강한결, 금나래
② 금나래, 김샛별
③ 금나래, 이초롱
④ 김샛별, 은빛나
⑤ 김샛별, 현명한

41. 다음 시트처럼 한 셀에 두 줄 이상 입력하려는 경우 줄을 바꿀 때 사용하는 키는?

	A	B
1	서원각 출판사	실전 모의고사
2		
3		

① 〈F1〉+〈Enter〉

② 〈Alt〉+〈Enter〉

③ 〈Alt〉+〈Shift〉+〈Enter〉

④ 〈Shift〉+〈Enter〉

⑤ 〈Shift〉+〈Ctrl〉+〈Enter〉

42. 다음의 알고리즘에서 인쇄되는 S는?

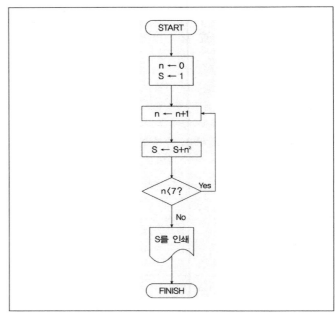

① 137
② 139
③ 141
④ 143
⑤ 145

43. 터미널노드는 자식이 없는 노드를 말한다. 다음 트리에서 터미널 노드 수는?

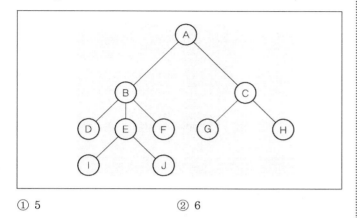

① 5
② 6
③ 7
④ 8
⑤ 9

44. 다음은 A가 코딩을 하여 만들려는 홀짝 게임 프로그램의 알고리 즘 순서도이다. 그런데 오류가 있었는지 잘못된 값을 도출하였다. 잘못 된 부분을 고르면?

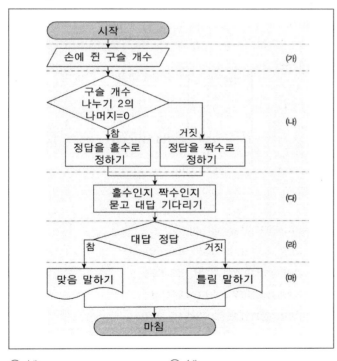

① (가)
② (나)
③ (다)
④ (라)
⑤ (마)

45. 다음은 버블정렬에 관한 설명과 예시이다. 보기에 있는 수를 버블 정렬을 이용하여 오름차순으로 정렬하려고 한다. 1회전의 결과는?

버블정렬은 인접한 두 숫자의 크기를 비교하여 교환하는 방 식으로 정렬한다. 이때 인접한 두 숫자는 수열의 맨 앞부터 뒤 로 이동하며 비교된다. 맨 마지막 숫자까지 비교가 이루어져 가장 큰 수가 맨 뒷자리로 이동하게 되면 한 회전이 끝난다. 다음 회전에는 맨 뒷자리로 이동한 수를 제외하고 같은 방식으 로 비교 및 교환이 이루어진다. 더 이상 교환할 숫자가 없을 때 정렬이 완료된다. 교환은 두 개의 숫자가 서로 자리를 맞바 꾸는 것을 말한다.

〈예시〉
30, 15, 40, 10을 정렬하려고 한다.
• 1회전
(30, 15), 40, 10 : 30>15 이므로 교환
15, (30, 40), 10 : 40>30 이므로 교환이 이루어지지 않음
15, 30, (40, 10) : 40>10 이므로 교환
1회전의 결과 값 : 15, 30, 10, 40

• 2회전 (40은 비교대상에서 제외)
(15, 30), 10, 40 : 30>15 이므로 교환이 이루어지지 않음
15, (30, 10), 40 : 30>10 이므로 교환
2회전의 결과 값 : 15, 10, 30, 40

• 3회전 (30, 40은 비교대상에서 제외)
(15, 10), 30, 40 : 15>10이므로 교환
3회전 결과 값 : 10, 15, 30, 40 → 교환 완료

〈보기〉
9, 6, 7, 3, 5

① 6, 3, 5, 7, 9
② 3, 5, 6, 7, 9
③ 6, 7, 3, 5, 9
④ 9, 6, 7, 3, 5
⑤ 6, 7, 9, 5, 3

46. 다음은 A의류매장의 판매 직원이 매장 물품 관리 시스템에 대하여 설명한 내용이다. 이를 참고할 때, bar code와 QR 코드 관리 시스템의 특징으로 적절하지 않은 것은?

"저희 매장의 모든 제품은 입고부터 판매까지 스마트 기기와 연동된 전산화 시스템으로 운영되고 있어요. 제품 포장 상태에 따라 bar code와 QR 코드로 구분하여 아주 효과적인 관리를 하는 거지요. 이 조그만 전산 기호 안에 필요한 모든 정보가 입력되어 있어 간단한 스캔만으로 제품의 이동 경로와 시기 등을 손쉽게 파악하는 겁니다. 제품군을 분류하여 관리하거나 적정 재고량을 파악하는 데에도 매우 효율적인 관리 시스템인 셈입니다."

① QR 코드는 bar code보다 많은 양의 정보를 담을 수 있다.

② bar code는 제품군과 특성을 기준으로 물품을 대/중/소 분류에 의해 관리한다.

③ bar code는 물품의 정보를 기호화하여 관리하는 것이다.

④ 최근 유통업계는 QR 코드 도입에 앞장서고 있다.

⑤ bar code의 정보는 검은 막대의 개수와 숫자로 구분된다.

47. 다음의 워크시트에서 추리영역이 90점 이상인 사람의 수를 구하고자 할 때, [D8] 셀에 입력할 수식으로 옳은 것은?

	A	B	C	D	E	F
1	이름	언어영역	수리영역	추리영역		
2	김철수	72	85	91		추리영역
3	김영희	65	94	88		>=90
4	안영이	95	76	91		
5	이윤희	92	77	93		
6	채준수	94	74	95		
7						
8	추리영역 90점 이상인 사람의 수			4		
9						

① =DSUM(A1:D6,4,F2:F3)

② =DSUM(A1:D6,3,F2:F3)

③ =DCOUNT(A1:D6,3,F2:F3)

④ =DCOUNT(A1:D6,4,F2:F3)

⑤ =DCOUNT(A1:D6,2,F2:F3)

48. 다음 워크시트에서 연봉이 3천만원 이상인 사원들의 총 연봉액을 구하는 함수식으로 옳은 것은?

	A	B
1	사원	연봉
2	한길동	25,000,000
3	이미순	30,000,000
4	소순미	18,000,000
5	김동준	26,000,000
6	김사라	27,000,000
7	나미수	19,000,000
8	전진연	40,000,000
9	김연지	26,000,000
10	채지수	31,000,000

① =SUMIF(B2:B10,">30000000")

② =SUMIF(B2:B10,">=30000000")

③ =SUMIF(A2:A10,">=30000000")

④ =SUM(B2:B10,">30000000")

⑤ =SUM(A2:A10,">=30000000")

49. 다음 워크시트에서 매출액[B3:B9]을 이용하여 매출 구간별 빈도수를 [F3:F6] 영역에 계산하고자 한다. 다음 중 이를 위한 배열수식으로 옳은 것은?

	A	B	C	D	E	F
1						
2		매출액		매출구간		빈도수
3		75		0	50	1
4		93		51	100	2
5		130		101	200	3
6		32		201	300	1
7		123				
8		257				
9		169				

① {=PERCENTILE(B3:B9, E3:E6)}

② {=PERCENTILE(E3:E6, B3:B9)}

③ {=FREQUENCY(B3:B9, E3:E6)}

④ {=FREQUENCY(E3:E6, B3:B9)}

⑤ {=PERCENTILE(E3:E9, B3:B9)}

50. 다음 중 '자료', '정보', '지식'의 관계에 대한 설명으로 옳지 않은 것은?

① 객관적 실제의 반영이며, 그것을 전달할 수 있도록 기호화한 것을 자료라고 한다.

② 특정 상황에서 그 가치가 평가된 데이터를 정보와 지식이라고 말한다.

③ 데이터를 집적하고 체계화하여 장래의 일반적인 사항에 대비해 보편성을 갖도록 한 것을 지식이라고 한다.

④ 자료를 가공하여 이용 가능한 정보로 만드는 과정을 자료처리(data processing)라고도 하며 일반적으로 컴퓨터가 담당한다.

⑤ 업무 활동을 통해 알게 된 세부 데이터를 컴퓨터로 일목요연하게 정리해 둔 것을 지식이라고 볼 수 있다.

02 직무상식평가

✎ **[공통] 전체**

1. 한국의 농업·농촌운동에 대한 설명으로 옳지 않은 것은?

① 신토불이 운동은 우리농산물 애용 확대 목표의 운동이다.

② 쌀시장 개방반대 운동은 우리나라 농업·농촌 운동의 시작이다.

③ 농산물 직거래 사업을 추진한 운동은 1996년에 시작됐다.

④ 농촌사랑운동은 1사1촌 자매결연을 추진하였다.

⑤ 농업의 공익적 가치 확산을 위한 운동은 현재도 진행 중이다.

2. 다음 중 협동조합의 기본법에 대한 설명 중 옳지 않은 것을 모두 고른 것은?

┌───┐
│ ㉠ 1인 1표 – 출자액수에 관계없이 1인 1개의 의결권과 선거 │
│   권 부여   │
│ ㉡ 최소설립 조합 수 2개 – 2개 이상의 협동조합이 모여 연합 │
│   회 설립 가능   │
│ ㉢ 2개의 법인격 – 일반협동조합·사회적협동조합   │
│ ㉣ 최소설립인원 4인 – 4인 이상 자유롭게 설립가능   │
│ ㉤ 매월 첫 토요일 – 협동조합의 날   │
│ ㉥ 8개 협동조합법의 일반법 – 기존 8개 법과 독립적인 일반법 │
└───┘

① ㉠, ㉡, ㉤   ② ㉡, ㉣, ㉥

③ ㉣, ㉤, ㉥   ④ ㉡, ㉣, ㉤

⑤ ㉢, ㉤, ㉥

3. 유럽의 협동조합에 대한 설명으로 옳은 것은?

① 19세기 중반에 유럽에서 시작된 협동조합운동은 20세기 중반까지 대중적으로 확산되었다.

② 이탈리아의 최초 협동조합은 몬드라곤 협동조합이다.

③ 세계 최초의 협동조합법인 산업공제조합법은 협동조합 사업에 규제가 적었다.

④ 1895년 프랑스에서 ICA 제1회 국제대회가 열렸다.

⑤ 독일에서는 생산조합이 제일 먼저 발생하고 발전하였다.

4. 다음 설명 중 ( ) 안에 들어갈 말로 옳은 것은?

┌───┐
│ ( )은/는 대기 중으로 배출한 온실가스의 양을 상쇄할 수 있 │
│ 을 정도로 온실가스를 흡수하여 총량을 0으로 만든다는 정책 │
│ 이다. 이를 시행하는 대책으로 숲을 조성하여 산소를 공급하거 │
│ 나 재생에너지를 생산, 온실가스 배출량에 상응하는 탄소배출 │
│ 권을 통해 구매하는 방법 등이 있다.   │
└───┘

① 넷 제로

② 마이크로바이옴

③ 테라센티아

④ 라이브 커머스

⑤ 바이오차

5. 고향사랑 기부제에 대한 설명으로 옳지 않은 것은?

① 고향이나 원하는 지자체에 기부할 경우 기부자에게 세제혜택을 제공하는 것을 골자로 한다.

② 지자체는 답례품 제공이 가능하며 이는 법으로 정할 것을 골자로 한다.

③ 2007년에 고향납세제도로 도입되어 2019년에 고향사랑 기부제로 명칭이 바뀌었다.

④ 2007년 제17대 대통령 선거 공약으로 '고향세'가 언급되면서 이에 대한 논의가 본격화 되었다.

⑤ 고향에 대한 건전한 기부문화를 조성하고 지역 경제를 활성화함으로써 국가균형발전에 이바지하는 것을 목적으로 한다.

6. 스마트 팜 데이터베이스 환경정보 수집항목으로 옳지 않은 것은?

① 온실온도   ② O_2
③ 일사량   ④ 감우
⑤ 지온

7. 4차 산업혁명의 핵심 기술 중 하나인 블록체인(Blockchain)을 유통 시스템에 적용한 기술로 농산물이 생산되고 유통·판매·소비되는 과정의 이력 정보를 표준화하여 통합 관리하는 시스템은?

① 로컬체인
② 푸드체인
③ 그린체인
④ 유통체인
⑤ 에코체인

8. 만 65세 이상 고령농업인이 소유한 농지를 담보로 노후생활 안정자금을 매월 연금형식으로 지급받는 제도는?

① 고농연금제도
② 농업연금제도
③ 토지연금제도
④ 농업안정제도
⑤ 농지연금제도

9. 농촌과 관련된 활동을 통해 신체적·정신적 건강증진을 도모하는 사회적 농업의 하나로 일반 농업과 달리 농사 자체가 목적이 아니라 건강의 회복을 위한 수단으로 농업을 활용하는 것은?

① 힐링 농업
② 웰빙 농업
③ 행복 농업
④ 치유 농업
⑤ 성취 농업

10. 〈보기〉의 설명에 해당하는 기술로 가장 적절한 것은?

> 〈보기〉
> • 서비스 모델은 IaaS, PaaS, SaaS로 구분한다.
> • 필요한 만큼 자원을 임대하여 사용할 수 있다.
> • 가상화 기술, 서비스 프로비저닝(Provisioning) 기술, 과금 체계 등을 필요로 한다.

① 빅데이터(Bigdata)
② 딥러닝(Deep Learning)
③ 사물인터넷(Internet Of Things)
④ 클라우드 컴퓨팅(Cloud Computing)
⑤ 머신 러닝(Machine Learning)

11. 다음에서 ㉠에 해당하는 설명으로 옳지 않은 것은?

> 클라우드 컴퓨팅이란 중앙의 데이터 센터에서 모든 컴퓨팅을 수행하고, 그 결과 값을 네트워크를 통해 사용자에게 전달하는 방식의 기술이다. 디바이스들에 대한 모든 통제가 데이터센터에서 중앙집중형으로 진행된다. 그러나 5G시대에(특히 IoT 장치가 확산되고 실용화되면서) 데이터 트래픽이 폭발적으로 증가할 경우 클라우드 컴퓨팅 기술로 대응하기 어려울 것에 대비하여 그 대체기술로서 (㉠)이 주목받기 시작하였다.

① ㉠은 프로세서와 데이터를 중앙 데이터센터 컴퓨팅 플랫폼에 보내지 않고 네트워크 말단의 장치 및 기기 근처에 배치하는 것을 의미한다.
② ㉠은 IoT 사물 등 로컬 영역에서 직접 AI, 빅데이터 등의 컴퓨팅을 수행하므로 네트워크에 대한 의존도가 높을 수밖에 없다.
③ 클라우드 컴퓨팅이 주로 이메일, 동영상, 검색, 저장 등의 기능을 소화했다면, ㉠은 그를 넘어 자율주행, 증강현실, IoT, 스마트 팩토리 등 차세대 기술을 지원할 수 있다.
④ 클라우드 컴퓨팅에 비해 연산능력이 떨어지더라도 응답속도가 빠르고, 현장에서 데이터를 분석·적용하기 때문에 즉시성이 높다는 장점이 있다.
⑤ 클라우드 컴퓨팅보다 해킹 가능성이 낮고, 안정성이 보장되는 기술로 평가받고 있다.

12. 세계경제포럼(WEF)은 '전 세계 은행의 80%가 블록체인 기술을 도입할 것이며, 2025년 전 세계 GDP의 10%는 블록체인을 통해 이뤄질 것'이라는 전망을 내놓았다. 블록체인에 대한 설명 및 금융 분야에서의 활용에 대한 설명으로 가장 적절하지 않은 것은?

① 중앙에서 관리되던 장부 거래 내역 등의 정보를 탈중앙화하여 분산·저장하는 기술이기 때문에 참여자들이 모든 거래 정보에 접근할 수는 없다.

② 체인화된 블록에 저장된 정보가 모든 참여자들의 컴퓨터에 지속적으로 누적되므로, 특정 참여자에 의해 정보가 변경되거나 삭제되는 것은 사실상 불가능하다.

③ 거래 상대방에게도 거래 당사자의 신원을 공개하지 않고도 거래가 가능하다.

④ 고객이 보유하고 있는 금융, 의료, 신용정보 등의 디지털 자산을 안전하게 보관할 수있는 모바일 금고 개념으로 '디지털 자산 보관 서비스'를 제공할 수 있을 것이다.

⑤ 블록체인을 기반으로 디지털 지역화폐(지방자치단체의 복지수당, 지역상품권 등) 플랫폼을 지원할 수 있다.

13. 다음에서 ㉠, ㉡, ㉢에 해당하는 용어는 무엇인가?

> 전자서명법이 개정되어 (㉠)가 폐지되었다. (㉠)의 폐지로 민간 업체에서 만든 (㉡)가 도입되었고 명칭이 변경되었다. 변경된 명칭의 (㉢)를 통해 본인 신분이 확인되고, 전자서명화가 된 문서가 변경이 없음을 보장하며, 암호화 로 기밀이 보장된다.

① ㉠ 공동인증서, ㉡ 공인인증서 ㉢ 민간인증서
② ㉠ 공인인증서, ㉡ 공동인증서 ㉢ 민간인증서
③ ㉠ 공인인증서, ㉡ 민간인증서 ㉢ 공동인증서
④ ㉠ 민간인증서, ㉡ 공인인증서 ㉢ 공동인증서
⑤ ㉠ 민간인증서, ㉡ 공동인증서 ㉢ 공인인증서

14. 甲은 오랜만에 들어간 웹사이트의 비밀번호가 생각나지 않는다. 회원가입은 되어있는 상태라고 하는 데 기억이 나지 않는다. 결국 비밀번호 찾기를 눌러 새로운 비밀번호를 입력한다. 시간이 지나 또 웹사이트에 로그인을 하지 못한 甲은 다시 비밀번호 찾기를 누른다. 이러한 현상을 방지하기 위하여 신속한 온라인 인증이라는 뜻의 생체인증을 주로 시행하는 이 인증을 의미하는 용어는?

① 5G
② RPA
③ CPO
④ FIDO
⑤ GDPR

15. 다음 제시문에서 ㉠에 해당하는 설명으로 옳지 않은 것은?

> 전통적인 생산요소 세 가지가 노동, 토지, 자본이었다면 디지털 경제에서는 경영활동을 위해 '자본 투자'가 아닌 '디지털 투자'가 이루어지고, '실물 자산'보다는 '디지털 자산'이 생산되고 유통·저장된다. 즉, 디지털 플랫폼이라는 가상의 자산이 만들어지는 것이다. 이러한 상황에서 기존의 법인세가 물리적 고정사업장이 있는 기업에만 부과가 가능하여, 물리적 고정사업장이 큰 돈을 벌어들이는 디지털 기업에 대한 과세 형평성 문제가 제기되면서 (㉠)도입이 논의되기 시작하였다.

① OECD가 「BEPS 프로젝트」를 추진하면서 주도적으로 ㉠에 대해 논의하기 시작하였다.
② 2019년 프랑스가 최초로 도입하였다.
③ 구글, 페이스북, 아마존 등 IT기업이 주 대상이다.
④ 법인세와는 별도로 부과되며, 영업이익을 기준으로 부과되는 것이 특징이다.
⑤ 미국은 EU에서 자국 기업이 불리해질 것을 우려해 반대 입장을 취하고 있으며, EU 내에서도 글로벌 IT기업이 각국 내에서 가지는 위치에 따라 입장 차가 나타나고 있다.

[분야별] 일반

1. 다음 중 헥셔-오린의 정리와 관계된 것은?

① 각국의 생산규모가 다르므로 무역이 발생한다.

② 자유무역이 실시되면 노동이 풍부한 나라는 임금이 하락한다.

③ 선진국과 후진국의 기술격차에 의한 무역발생의 설명으로 적합하다.

④ 노동보다 자본의 부존량이 많은 나라는 자본집약적 상품을 주로 수출한다.

⑤ 국제무역의 발생원인은 각 나라에 있어 노동생산성이 다르기 때문이다.

2. 주식 용어에 관한 다음의 설명 중 바른 것을 고르면?

> ㉠ 베이시스 : 선물가격과 현물가격의 차이
> ㉡ 백워데이션 : 선물가격이 현물가격보다 높은 상태
> ㉢ 콘탱고 : 현물가격이 선물가격보다 높은 상태
> ㉣ PER : 특정 시장 또는 특정 회사의 주당시가를 주당이익으로 나눈 수치
> ㉤ 손절매 : 보유주식의 현재시세가 매입가보다 낮고, 가격 상승의 희망이 전혀 보이지 않는 경우에 손해를 감수하고라도 매도하는 것
> ㉥ 커버드 콜 : 특정한 주식을 보유한 상태에서 콜 옵션을 저렴한 가격에 매수하여 안정적으로 위험을 피하는 전략

① ㉠, ㉡, ㉢

② ㉡, ㉢, ㉤

③ ㉠, ㉣, ㉤

④ ㉣, ㉤, ㉥

⑤ ㉠, ㉤, ㉥

3. 다음 중 사회후생함수가 갖추어야 할 조건으로 애로우(Kenneth J. Arrow)가 제시하지 않은 것은?

① 선호의 비제한성

② 완비성과 이행성

③ 파레토 원칙

④ 무관한 대안으로부터의 독립

⑤ 비배제성

4. 코즈의 정리에 대한 설명으로 옳지 않은 것은?

① 재산권을 명확하게 보장하면 성립된다.

② 현실적으로 공해문제에 대한 협상의 경우 이해당사자를 결정하는 어려움이 있다.

③ 이해당사자들 사이의 거래비용은 매우 작다고 가정한다.

④ 대규모 사회집단에서는 자발적 협상에 의한 해결이 어렵다.

⑤ 코즈 정리의 핵심은 재산권이 누구에게 귀속되는가이다.

5. 다음 제시문을 가장 정확하게 설명한 것은?

> 누군가가 A에게 10만 원을 주고 그것을 B와 나눠가지라고 한다. A가 B에게 얼마를 주겠다고 제안하든 상관없지만 B는 A의 제안을 거부할 수도 있다고 한다. 만일 B가 A의 제안을 거부하면 10만 원은 그 '누군가'에게 돌아간다. 이 경우 대부분 A의 입장에 있는 사람은 4만 원 내외의 돈을 B에게 주겠다고 제안하고 B는 이를 받아들인다. 그러나 A가 지나치게 적은 금액을 B에게 제안할 경우 B는 단호하게 거부하여 10만 원이 그 '누군가'에게 돌아가게 함으로써 보복한다는 것이다. 또한 이들은 받을 돈이 엄청난 경우에도 "됐소, 당신이나 가지쇼"라고 말했다고 한다. 공정하지 않은 제안은 거절함으로써 자존심을 지키는 것이다.

① 지폐 경매 게임

② 반복 게임

③ 죄수의 딜레마

④ 최후통첩 게임

⑤ 역경매 이론

6. X축과 Y축에 두 가지 상품을 놓고 소비자에게 동일한 만족을 주는 재화묶음을 연결한 곡선을 무차별곡선이라고 한다. 일반적으로 한계효용 체감의 법칙이 작용하므로 두 상품을 유사한 양으로 소비할 경우 한 상품을 많이 소비할 때보다 효용은 증가한다. 일반적으로 무차별곡선은 원점을 향해 볼록한 형태의 곡선을 나타내는데 만약 술만 좋아하고 다른 어떠한 재화도 효용을 증가시키지 못하는 알코올중독자의 무차별곡선은 어떠한 형태를 띄게 되는가? (단, 술은 X축, 다른 재화는 Y축으로 놓는다)

① Y축과 수직으로 된 직선

② Y축과 나란한 수직으로 된 직선

③ 원점에 대하여 볼록한 무차별곡선

④ 무차별곡선으로 나타낼 수 없음

⑤ 원점에 대하여 오목하게 나타나는 곡선

7. 리카도의 비교우위론에 관한 설명으로 옳지 않은 것은?

① 다른 생산자에 비해 같은 상품을 더 적은 양의 생산요소를 투입하여 생산할 수 있는 능력을 말한다.

② 다른 생산자에 비해 같은 상품을 더 적은 기회비용으로 생산할 수 있는 능력을 말한다.

③ 비교우위론에서는 생산요소가 노동 하나밖에 없다고 가정한다.

④ 일반적으로 기회비용이 체증하나 기회비용이 일정하다고 가정함에 따라 각국은 한 재화 생산에만 완전 특화한다.

⑤ 모든 노동의 질은 동일하다고 가정한다.

8. 다음 중 이표채가 아닌 것은?

① T-Note   ② T-Bill

③ T-Bond   ④ 변동금리채

⑤ 물가연동채권

9. 자산유동화증권(ABS)으로 올바르지 않은 것은?

① CBO(Collateralized Bond Obligation)

② CLO(Collateralized Loan Obligation)

③ MBS(Mortgage Backed Securities)

④ CDS(Credit Default Swap)

⑤ CMBS(Commercial Mortgage Backed Security)

10. 다음 보기에서 P2P 대출에 내용으로 옳지 않은 것은?

① 금융회사의 중개 없이 온라인에서 이루어지는 자금중개 대출이다.

② 대출자가 플랫폼 업체에 대출을 신청하면 플랫폼 업체는 온라인에서 투자자들을 모아 대출하는 방식이다.

③ 온라인으로 모든 과정을 자동화하여 지점 운영비용이나 인건비, 대출영업 비용 등의 경비 지출을 최소화할수 있다.

④ 기업과 다른 금융 서비스를 제공하기에는 한계가 있어 현재는 개인 사이의 대출 중개에만 집중하고 있는 상태이다.

⑤ 대출자에게는 낮은 금리를, 투자자에게는 높은 수익을 제공한다.

11. 적대적 M&A 방어 수단으로 올바르지 않은 것은?

① 공개매수   ② 황금낙하산

③ 포괄적 주식교환   ④ 자사주 취득

⑤ 포이즌 필

12. 기축통화의 특징으로 바르지 않은 것은?

① 환율을 평가할 때 지표가 되는 통화이다.

② 국제무역에서 결제를 할 때 사용될 수 있는 통화이다.

③ 대외준비자산으로 보유하는 통화이다.

④ 신뢰성을 가지고 있는 통화이다.

⑤ 자유로운 교환이 제한되는 통화이다.

13. 물가지수에 대한 설명으로 옳지 않은 것은?

① 신축주택가격은 소비자물가지수에 포함된다.

② 수입품은 소비자물가지수에 포함된다.

③ 파세가격지수는 GDP디플레이터와 성질이 같다.

④ 소비자물가지수는 라스파이레스 방식으로 작성한다.

⑤ GDP디플레이터에는 주택임대료가 포함된다.

14. 생산과정에서 공해와 같은 외부불경제(External Diseconomy)가 발생한다. 완전경쟁기업이 산출량을 결정할 때 해당 비용을 고려하지 않는다면, 균형산출량 수준에서는 다음 중 어떤 관계가 성립되어지는가? (P : 제품가격, PMC : 사적 한계비용, SMC : 사회적 한계비용)

① P = SMC > PMC   ② P = PMC > SMC

③ P = PMC < SMC   ④ P = PMC = SMC

⑤ PMC = SMC

15. 다음 중 수요의 가격탄력성에 관한 설명으로 옳지 않은 것은?

① 수요의 탄력성을 측정하는 기간이 길수록 탄력적이다.

② 대체재의 수가 많을수록 그 재화는 일반적으로 탄력적이다.

③ 사치품은 탄력적이고 생활필수품은 비탄력적인 것이 일반적이다.

④ 재화의 사용 용도가 다양할수록 비탄력적이다.

⑤ 수요의 가격탄력성은 가격에 변화가 생길 경우 그 변화율에 대한 수요량 변화율의 상대적 크기로 나타낸다.

1. 컴퓨터를 유지하고 있는 두 가지 구성요소는?

① 시스템, 정보

② 시스템, 자료

③ 기억장치, 제어장치

④ 하드웨어, 소프트웨어

⑤ 기억장치, 소프트웨어

2. 다음 중 스마트시티를 구성하는 요소로 적절한 것은?

⊙ ICT

ⓒ APT

ⓒ 스니핑

ⓔ IoT

ⓜ 알고리즘

ⓗ DoS

---

① ⊙, ⓒ, ⓒ

② ⓒ, ⓒ, ⓜ

③ ⊙, ⓔ, ⓜ

④ ⓔ, ⓜ, ⓗ

⑤ ⊙, ⓜ, ⓗ

3. 조합 논리회로에 대한 설명으로 옳지 않은 것은?

① 반가산기 – 두 비트를 더해서 합(S)과 자리올림수(C)를 구하는 회로

② 전가산기 – 두 비트와 하위 비트의 자리올림수(Cin)를 더해서 합(S)과 상위로 올리는 자리올림수(Cout)을 구하는 회로

③ 디코더 – 사람이 사용하는 문자 체계를 컴퓨터에 맞게 변환시키는 회로

④ 멀티플렉서 – 여러 곳의 입력선(2n개)으로부터 들어오는 데이터 중 하나를 선택하여 한 곳으로 출력시키는 회로

⑤ 인코더 – 여러 개의 입력단자 중에 나타난 정보를 2진수로 코드화하여 전달시키는 회로

4. 다음에서 설명하는 언어는?

C에 Simula식의 클래스를 추가하고자 하여 개발된 언어로, 사용자의 필요에 의해 개발된 효율적이고 실용적인 언어이다.

---

① C++

② Smalltalk

③ Eiffel

④ C

⑤ JAVA

5. 1970년대 IBM에서 만든 관계대수와 관계해석을 갖춘 데이터베이스 언어는?

① Prolog

② SQL

③ Java

④ C

⑤ APL

6. 데이터베이스의 특성에 대한 설명으로 옳지 않은 것은?

① 데이터베이스는 어느 한 조직의 여러 응용 시스템들이 공유할 수 있도록 통합·저장된 운영데이터의 집합이다.

② 데이터베이스의 특성은 실시간 접근, 계속적인 변화, 동시공유, 내용에 의한 참조가 있다.

③ 관계는 개체의 특성이나 상태를 기술하는 것으로 데이터의 가장 작은 논리적 단위이다.

④ 개체는 표현하려는 유형, 무형 정보의 대상으로 '존재'하면서 서로 구별이 될 수 있는 것을 말한다.

⑤ 데이터베이스는 동적이기 때문에 삽입, 수정, 삭제 등의 변화를 거치며 현재의 정확한 데이터를 유지해야 한다.

7. 컴퓨터에서 데이터 송·수신 시 일반적으로 많이 사용되는 속도는?

① MIPS   ② BPS

③ CPS   ④ PPM

⑤ Gbps

8. 모뎀과 컴퓨터 사이에 데이터를 주고받을 수 있는 통로는?

① 포트   ② 프로토콜

③ 라우터   ④ 플러그 인

⑤ 파이프라인

9. 플립플롭(Flip-Flop)의 설명으로 옳지 않은 것은?

① 플립플롭(Flip-Flop)은 이진수 한 비트 기억소자이다.

② 레지스터 상호 간 공통선들의 집합을 버스(Bus)라 한다.

③ 병렬전송에서 버스(Bus) 내의 선의 개수는 레지스터를 구성하는 플립플롭의 개수와 일치하지 않는다.

④ M비트 레지스터는 M개의 플립플롭으로 구성된다.

⑤ 입력이 변하지 않는 한, 현재 기억하고 있는 값을 유지한다.

10. 어떤 컴퓨터의 메모리 용량이 4096워드이고, 워드당 16bit의 데이터를 갖는다면, MAR은 몇 비트인가?

① 12   ② 14

③ 16   ④ 18

⑤ 20

11. 다음은 ADD 명령어의 마이크로 오퍼레이션이다. t2 시간에 가장 알맞은 동작은? (단, MAR : Memory Address Register, MBR : Memory Buffer Register, M(addr) : Memory, AC : 누산기)

```
t0 : MAR ← MBR(addr)
t1 : MBR ← M(MAR)
t2 : (          )
```

① AC ← MBR   ② MBR ← AC

③ M(MBR) ← MBR   ④ AC ← AC + MBR

⑤ AC + MBR ← MBR

12. 인터럽트 발생시 동작 순서로 옳은 것은?

> ㉠ 현재 수행중인 플그램의 상태를 저장한다.
> ㉡ 인터럽트 요청 신호 발생
> ㉢ 보존한 프로그램 상태로 복귀
> ㉣ 인터럽트 취급 루틴을 수행
> ㉤ 어느 장치가 인터럽트를 요청했는지 찾는다.

① ㉠→㉡→㉤→㉣→㉢

② ㉡→㉤→㉠→㉣→㉢

③ ㉡→㉠→㉣→㉤→㉢

④ ㉡→㉣→㉠→㉤→㉢

⑤ ㉡→㉠→㉤→㉣→㉢

13. 프로그램 상태 워드(program status word)에 대한 설명으로 가장 옳은 것은?

① 시스템의 동작은 CPU 안에 있는 program counter에 의해 제어된다.

② interrupt 레지스터는 PSW의 일종이다.

③ CPU의 상태를 나타내는 정보를 가지고 독립된 레지스터로 구성된다.

④ PSW는 8bit의 크기이다.

⑤ PSW는 Program Counter, Flag 및 주요한 레지스터의 내용과 그 밖의 프로그램 실행상태를 나타내는 출력정보를 의미한다.

14. 한 모듈 내의 각 구성요소들이 공통의 목적을 달성하기 위하여 서로 얼마나 관련이 있는지의 기능적 연관의 정도를 나타내는 것은?

① cohesion   ② coupling

③ structure   ④ unity

⑤ utility

15. 소프트웨어 수명 주기 모형 중 폭포수 모형(Waterfall Model)의 개발 단계로 옳은 것은?

① 계획 → 분석 → 설계 → 시험 → 구현 → 유지보수

② 계획 → 분석 → 설계 → 구현 → 시험 → 유지보수

③ 계획 → 설계 → 분석 → 구현 → 시험 → 유지보수

④ 계획 → 분석 → 설계 → 구현 → 시험 → 설치

⑤ 계획 → 설계 → 분석 → 구현 → 시험 → 설치